JESÚS *y las* mujeres

Lecciones femeninas de fe,
esperanza y caridad.

Sergio Stevan

Liguori
Liguori, Missouri

Dedicado a quienes en la Iglesia,
viviendo fielmente el Evangelio,
encienden lámparas de fe,
custodian la esperanza y
alimentan el fuego del amor.

Imprimi Potest:
Harry Grile, CSsR
Provincial de la provincia de Denver
Los Redentoristas

Publicado por Libros Liguori
Liguori, MO 63057-9999
Pedidos al 800-325-9521
www.librosliguori.org

Título original en italiano *Al re piacerà la tua bellezza*, por Sergio Stevan, copyright © 2009 Libreria Editrice Vaticana

Library of Congress Cataloging-in-Publication Data
Stevan, Sergio.
[Al re piacerà la tua bellezza. Spanish] Jesús y las mujeres: lecciones femeninas de fe, esperanza y caridad / Sergio Stevan 1. ed. p. cm.
Includes bibliographical references and index.
1. Mary Magdalene, Saint—Meditations. 2. Bible. N.T. John XX, 1-18—Meditations.
3. Mary, of Bethany, Saint—Meditations. 4. Bible.N.T. Luke VII, 36-50—Meditations.
5. Bible. N.T. John XII 1-8--Meditations. I. Title.
BS2485.S7318 2012
226'.092082—dc23
2012025934
p ISBN 978-0-7648-2219-3
e ISBN 978-0-7648-6733-0

Las citas bíblicas están tomadas de La Biblia Latinoamericana: Edición Pastoral (Madrid: San Pablo 2005). Usada con permiso.
Este libro fue traducido del original en italiano *Al re piacierà la tua bellezza* por Gustavo Aguilera.

Libros Liguori, una corporación sin fines de lucro, es un apostolado de los Padres y Hermanos Redentoristas. Para mayor información, visite Redemptorists.com.

Impreso en los Estados Unidos de América
16 15 14 13 12 / 5 4 3 2 1

Primera edición.

ÍNDICE

PRESENTACIÓN

"Te llamamos 'dichosa', nosotros, generaciones todas, oh Madre de la vida. Toda tu vida se desarrolló santamente. Oh bella Esposa, divinamente elegida por el Padre inmortal, oh agrado del Espíritu Santo, oh Madre del Rey de la gloria, espejo del amor, eterna Belleza".

Así un recluso llamado Neófito, canta a María, su Señora, y en este canto expresa la belleza que se convierte en fuente de felicidad para toda mujer que se entrega al misterio de Cristo.

La antigua gnosis unía belleza y eros en una interacción, a la vez recíproca y fascinante. La belleza suscita amor y el amor proyecta belleza en un diálogo perpetuo.

"Tú eres el más hermoso entre los hombres, en tus labios la gracia se derrama", afirma el salmo 44 describiendo las bodas del Rey, así como su encanto y su misión: en Cristo se observa el poder de la belleza capaz de inspirar, motivar, transformar y modelar la vida humana, la belleza de la Verdad. Pero, al mismo tiempo, el salmo se transforma en una exaltación de la esposa cuya hermosura gustará al Rey.

En este evento en que ambos se agradan recíprocamente, se manifiesta la potencia del amor. Es el misterio de Aquel que amó primero. En Cristo, reconocido como el más hermoso de los hombres, aparece la belleza de Dios mismo que atrae hacia sí a sus seres amados con una santa pasión. Tal intercambio pasa a través del corazón de la femineidad de la humanidad. La belleza se hace así fascinación, encuentro, atracción.

La experiencia de fe, esperanza y amor, no dictada tanto por la deducción, sino por el "arrebato del corazón", es descrita en estas páginas. Este libro nos presenta algunas mujeres embellecidas por la mirada complaciente del Rey y revestidas de la caridad de su pasión, siendo pregoneras, entre desconfianzas y sospechas, de la buena nueva que anuncia un mundo nuevo.

No basta que la verdad se proponga con argumentos lógicos o con un bien exigido por el imperativo ético; es necesario que ambos se muestren con el rostro atractivo y amable de las mujeres. Solo el amor mueve y convence. El amor surge y se nutre de la belleza.

En este momento de la época moderna, deseamos con interés un cristianismo que recupere la fascinación por la belleza.

Que estos perfiles de mujer puedan encender el deseo de la Belleza que redime: fascinación y amor explicados y experimentados en el gozo, en la purificación, en el dolor, en la fe de la Resurrección. De todas estas realidades da testimonio la parte femenina de la humanidad.

Sor Enrica Rosana, F.M.A.
Subsecretaria de la Congregación para los Institutos de Vida Consagrada y Sociedades de Vida Apostólica

INTRODUCCIÓN

Leyendo el Evangelio, sorprende al lector la presencia de algunas figuras femeninas muy concretas que, de una manera notable, han contribuido a la difusión del Evangelio.

Son mujeres cuya importancia comienza ya durante el ministerio público de Jesús y continúa en la hora más dramática del Calvario, prolongándose fielmente durante la Resurrección del Señor para convertirse en portadoras de la Buena Nueva a los demás discípulos.

Estas mujeres son tan valientes que desafían tradiciones consolidadas, mentalidades inflexibles, comportamientos moralistas, prescripciones quisquillosas y que, incluso en diversas circunstancias, escandalizan a los mismos discípulos del Maestro.

Una de las novedades más desconcertantes del Evangelio es que Jesús promueve a la mujer, la valora por su capacidad específica, por la riqueza de sus sentimientos, por su atención a los demás, por su delicada sensibilidad; incluso más, la eleva a la dignidad de persona con repetidas muestras de confianza y de misericordia.

Esta exquisita y amable atención a la mujer se confirma en estos tres personajes del Evangelio: María Magdalena, la pecadora arrepentida —que llamaremos mejor pecadora perdonada— y María de Betania.

María Magdalena es el emblema de la fe en el Señor Resucitado. Ella ha encontrado por primera vez en su vida a un hombre que la entiende profundamente, que cree en ella, y que le ha devuelto su dignidad, para que, por fin, pueda sentirse amada verdaderamente.

La pecadora es aceptada por Jesús sin ser juzgada. La conoce profundamente y conoce de qué tiene necesidad. "Ella finalmente ha encontrado en Jesús una mirada pura, un corazón capaz de amar sin fracturas. En la mirada y en el corazón de Jesús, ella recibe la revelación del Dios-Amor"[1].

La pecadora perdonada es el emblema de la esperanza, de la persona que no puede permitirse decir: "En mi caso, no hay nada qué hacer, así que no cambio".

Es una criatura arrepentida que se ha dejado tocar el corazón por la gracia para recobrar la capacidad de amar a Dios, al prójimo y a sí misma.

Jesús, antes de su Pasión, fue a Betania a la casa de Marta, María y Lázaro con quienes tenía una gran amistad. Jesús se sienta a su mesa, pensativo, sufre en silencio sin ser comprendido. Solo María intuye que más allá de la fiesta, de los amigos, de la comida, Jesús siente una gran tristeza. Es entonces cuando ella realiza un gesto audaz: derrama aceite perfumado sobre los pies de Jesús. Se necesita este perfume, el perfume del amor, perfume que no se puede vender ni comprar, solo se puede donar gratuitamente.

Y donde aparece el amor, florecen la fe, la esperanza y la alegría. María de Nazaret, la madre de Jesús, contiene en sí la raíz de las tres fuerzas evangélicas. Al inicio de su camino está la fe como respuesta generosa del amor.

El ángel del Señor entra, María es colmada de gracia, el amor se abre espacio y la jovencita de Nazaret es el cariñoso abrazo que

---

1 Benedicto XVI, Audiencia general, 14 de febrero de 2007.

lo acoge. Creer es ante todo acoger el paso siempre nuevo de Dios hacia el encuentro de su criatura.

Donde brota la fe, el amor se desborda. El amor entra, la fe acoge, el amor se desborda: María se pone en camino para visitar a su prima Isabel, "de prisa" (Lc 1:39) porque no hay qué decidir nada; solo hay que lanzarse a la aventura de la caridad. El fruto del amor acogido es el amor que se dona.

El niño al que cuida Isabel en su vientre salta de gozo, está claro para él que el amor está a la puerta. La emoción de Juan es un himno de alegría lleno de fuerza y de esperanza, un himno de gozo.

Los pasajes de María narran así su encuentro con el amor: los frutos de este encuentro son la fe, la esperanza y la caridad. Fuera del encuentro con el amor, las tres virtudes evangélicas son una ilusión, como frutos estériles del árbol de la vida.

Que el Espíritu del Señor, que siempre hace brotar en el corazón del discípulo el ferviente deseo de parecerse a Jesús, nos acompañe en el camino de identificación con Él. Así madurarán en el huerto de nuestra pobre vida, abundantes y sorprendentes frutos de virtud según el Evangelio.

MARÍA MAGDALENA

EL GRITO DE LA FE

La Palabra de Dios da respuesta a todos los problemas... También a aquellos que parecen humanamente incomprensibles, irresolubles, injustos. La Palabra de Dios es la brújula de nuestra vida.

El primer día después del sábado, María Magdalena fue al sepulcro muy temprano, cuando todavía estaba oscuro y vio que la piedra que cerraba la entrada del sepulcro había sido removida. Fue corriendo en busca de Simón Pedro y del otro discípulo a quien Jesús amaba y les dijo: «Se han llevado del sepulcro al Señor y no sabemos dónde lo han puesto».

María se había quedado llorando fuera, junto al sepulcro. Mientras lloraba se inclinó para mirar dentro y vio a dos ángeles vestidos de blanco, sentados donde había estado el cuerpo de Jesús, uno a la cabecera y el otro a los pies. Le dijeron: «Mujer, ¿por qué lloras?». Les respondió: «Porque se han llevado a mi Señor y no sé dónde lo han puesto».

Dicho esto, se dio vuelta y vio a Jesús allí, de pie, pero no sabía que era Jesús. Jesús le dijo: «Mujer, ¿por qué lloras? ¿A quién buscas?». Ella creyó que era el cuidador del huerto y le contestó: «Señor, si tú te lo has llevado, dime dónde lo has puesto, y yo me lo llevaré».

Jesús le dijo: «María». Ella se dio la vuelta y le dijo: «Rabboní», que quiere decir «Maestro».

Jesús le dijo: «Suéltame, pues aún no he subido al Padre. Pero vete donde mis hermanos y diles: Subo a mi Padre, que es Padre de ustedes; a mi Dios, que es Dios de ustedes».

María Magdalena se fue y dijo a los discípulos: «He visto al Señor y me ha dicho esto» (Jn 20:1-2. 11-18).

Cerca del sepulcro

Finalmente amanece el domingo. María va al sepulcro casi sin saber para qué, impulsada por los eventos del día anterior.

Es una mujer de paso lento. Deprimida, va al encuentro de un día oscuro, con la muerte en el corazón, envuelta en una profunda tristeza.

María no puede dejar de ir, no puede reprimir ese deseo: es el amor el que la impulsa a ir a la tumba. Va a devolver lo que ha recibido: la liberación de los siete demonios.

Llega al sepulcro cuando todavía es de noche, pero va —sin saber— hacia la luz. La noche es la prueba de la fe. En el Evangelio de san Juan se lee que cuando Judas salió de la Última Cena era de noche (cf. Jn 13:30).

También para María Magdalena, que ama a Jesús más que a nadie, es de noche…

Ella va en busca de un cadáver con el que pretende mostrar un delicado gesto de atención, honrar a su Maestro y Señor.

Ya en el sepulcro, ve con sorpresa que la piedra que sellaba la tumba ha sido rodada y que el cuerpo de Jesús ya no está en el sepulcro.

María se siente desfallecer. Toda la tensión de la espera cae sobre ella como una piedra. Se sienta sobre una roca y llora. María yace junto a un signo de muerte.

Las lágrimas

María Magdalena es una mujer que sabe llorar frente al vacío que se experimenta con la pérdida de un ser querido, un quebranto, un luto.

Quizás, en ciertas circunstancias, deberíamos aparecer como personas fuertes, capaces de todo, como virtuosos ascetas, personas impecables que forzosamente debemos salir siempre victoriosos, más preocupados por la propia perfección que por la de Dios.

El poder de Dios pasa también por la vulnerabilidad del hombre; no siempre es fácil poder estar entre la gente con la valentía de la fragilidad.

Es un gran don saber llorar con quien llora. Leemos en la vida de san Ambrosio que él "gozaba con aquellos que experimentaban gozo, lloraba con quien estaba afligido; cada vez que alguien le confesaba sus pecados para recibir la absolución, lloraba de tal forma que hacía llorar al pecador: se consideraba de hecho pecador con el pecador".

El llanto de los demás no nos deja jamás indiferentes, nos sacude, nos interpela y nos contagia. Cuando una persona descubre y acepta sus fallos, puede volverse en ese momento un instrumento del poder de Dios. Aunque sufra por ser débil e inadecuada, está contenta porque se redescubre, cada día, como pecadora, pero en el corazón actúa la gracia. Es, de hecho, en la debilidad donde se revelan la presencia y el poder de Dios.

Se han llevado a mi Señor

De repente aparecen dos ángeles. Le preguntan: "Mujer, ¿por qué lloras?". Les responde: "Se han llevado a mi Señor". El motivo de aquellas lágrimas es haber perdido a alguien que le daba seguridad. María vive una dolorosa búsqueda en la noche. Ha encontrado el sepulcro vacío y no ha podido ni creer ni responder a los ángeles. Vive la experiencia de una mujer enamorada que ha perdido a su amado (Cant 5:2-8).

María no reconoce al Señor porque experimenta todo el cansancio del camino de la fe que pasa a través de la oscuridad de la noche en la cual "no se ve", pero se toca la dolorosa ausencia del Señor.

María olvida que pertenece a alguien; y así, pierde el fundamento y el sentido profundo de su vida.

Llora a aquel que la había rescatado, que la había hecho sentir mujer. Se viene abajo.

María Magdalena había sido una mujer "usada"; Jesús la amó y la acogió como era y la amó aunque fuese una prostituta.

Dios nos ama porque sabe que somos frágiles y estamos necesitados. Quien de verdad camina con Jesús, tarde o temprano, vive la experiencia de su ausencia.

María llora porque ya no se siente amada y por ello es más cadáver que aquel Jesús a quien busca; el llanto de la Magdalena nace del descubrimiento de una verdad, es un llanto sanador, salvífico, es el don de las lágrimas de la conversión.

También Jesús ha llorado; también María de Betania, también Pedro… han llorado lágrimas amargas.

Podemos preguntarnos cómo es posible que Pedro, después de la negación y de su arrepentimiento, no haya seguido a Jesús hasta la cima del Calvario. Quizá prefirió quedarse consigo mismo y con sus lágrimas. Estas suelen verse como signo de debilidad y, al contrario, son un modo misterioso de comunicación. Se llora cuando ya no se puede ver el sentido de la vida.

A veces el llanto de nuestros hermanos estremece nuestras vidas. Ante las lágrimas de los demás se pueden tomar dos actitudes: ironizar o ser indiferentes.

El llanto expresa varias cosas…

Detrás de las lágrimas de esta mujer hay una inquietante búsqueda de sentido.

Los ángeles le preguntan: "¿Por qué lloras?", y Jesús: "¿Qué buscas?". Esta última es la pregunta más profunda porque obliga a hacer una reflexión extrema.

¿Qué lugar ocupa Jesús en mi vida?

¿Qué estoy buscando?

¿Cómo estoy buscando al Señor dentro de mis lágrimas?

¿Cuál es el motivo de mi llanto?

¿Delante de quién lloro?

Llorar solos es peligroso porque nos podemos quedar encerrados en nosotros mismos. María llora delante del Señor, aunque no lo reconoce.

"Mujer, ¿por qué lloras? ¿Qué buscas?". Jesús quiere que esta mujer enuncie explícitamente lo que sucede en su corazón. No solo provoca la pregunta, sino también la respuesta: "¿Estás buscando a alguien, a quién buscas, en quién confías?". Ella responde: "Se han llevado a mi Señor y no sé dónde lo han puesto". Es una respuesta llena de amor.

"Mi Señor" es una expresión que se refiere a una persona amada. María se gira, ve a Jesús de pie y no lo reconoce. Jesús la invita a salir de la esclavitud de su pasado y la llama por su nombre.

"¡María!". Ella se siente nuevamente reconocida y amada. La alegría de María es plena; después de tanto sufrimiento, una paz repentina se enciende dentro de su alma. El peso que le oprimía el corazón rueda lejos como la piedra del sepulcro. El hombre que la llamó por su nombre se le acerca. Ella, primero sin poder creer a sus oídos, de pronto tiene la certeza, cae de rodillas y sollozando de alegría exclama: "¡Raboní!".

¡El Maestro ha vuelto, está allí con ella, la llama! ¡No la ha abandonado!

Así termina la espera tan angustiosa, se disuelve el miedo y la incertidumbre del futuro.

No me toques

Ahora María quiere retener a Jesús, pero Él le dice: "Suéltame", no soy solo tuyo, "pero vete a donde mis hermanos y diles: 'Subo a mi Padre…'".

María se "fue" con paso seguro y decidido, a pesar de que su deseo de estar junto al Señor era más fuerte. Se levanta y va con un corazón nuevo en busca de los discípulos para anunciarles lo que había pasado.

La voz y las miradas

La esperanza de María Magdalena de encontrar de nuevo a su Señor no decayó jamás, aunque en su aflicción haya tenido que atravesar el desierto de la soledad.

Bastó una voz familiar que la llamara por su nombre para sentirse llena de una presencia que ya no dejaba espacio al dolor y la tristeza. Bastó el cruce de dos miradas para que se sintiera encontrada y amada.

"Jesús le dijo: '¡María!'". Después de haberla llamado con el apelativo genérico de 'mujer' sin ser reconocido, la llama por su nombre, como si quisiera decir: 'Reconoce a Aquel por el cual eres reconocida. Yo te conozco no como se conoce a cualquier persona, sino de una forma del todo especial'. María, entonces, llamada por su nombre, reconoce al Creador y enseguida grita: 'Rabí', es decir, 'Maestro': era a Él a quien ella buscaba en el exterior y era de hecho Él quien guiaba internamente su búsqueda" (San Gregorio Magno).

Por primera vez en su vida ha encontrado alguien que la comprende totalmente, que ha confiado en ella devolviéndole su dignidad y finalmente se ha sentido amada.

> *"El hombre no puede siempre estar dando, también debe recibir. Quien quiere dar amor, debe a su vez recibirlo como don" (Benedicto XVI, Deus caritas est, 7).*

Si una persona desea amar, debe sentirse amada, reconocida y aceptada con todo su pasado.

He visto al Señor

María Magdalena acoge de inmediato la invitación del Señor y corre para decir: "¡He visto al Señor!".

Sus ojos se han abierto.

El anuncio de la Resurrección explota de un modo convincente porque brota de un corazón enamorado.

Cuando se ama a Dios de verdad, solo se desea una cosa: darlo a conocer y hacer que lo amen. El grito de la Magdalena no solo es el anuncio de un acontecimiento, sino el anuncio de una alegría que únicamente puede brotar del encuentro con el Señor.

La alegría de María Magdalena se vuelve un canto de vida para todos.

La experiencia espiritual de esta mujer nos ayuda enormemente. Ella vivió la tristeza y la desesperación pero, después del encuentro con Jesús, puede afirmar que la experiencia de fe es siempre posible y que puede ser recompensada a pesar del dolor y de la muerte. Después de la oscuridad de la noche, Dios nos llama también a cada uno de nosotros por nuestro nombre. María Magdalena es el símbolo de la fe en el Señor Resucitado.

La fe es viva en el creyente que ha experimentado que el Dios que lo ha creado lo ama, cuando se siente amado por aquel Dios que anhela su corazón.

Si no existe el encuentro personal con Jesús, la fe permanece muerta. Solo Jesús puede enviarnos a anunciar que lo hemos visto.

El Jesús encontrado no debe ser retenido, sino anunciado y compartido.

> *"La unión con Cristo es, al mismo tiempo, unión con todos los demás a los que Él se entrega. No puedo tener a Cristo solo para mí; únicamente puedo pertenecerle en unión con todos los que son suyos o lo serán"(Benedicto XVI, Deus caritas est, 14).*

¿Existe en mí la pasión por anunciar a Cristo a los demás?

¿Llevo al Señor a los demás como don y no como algo de mi propiedad?

En cada uno de nosotros puede existir una doble experiencia: el llanto y la alegría. La tristeza y la melancolía son los verdaderos enemigos de la alegría. El dolor no es enemigo de la alegría, por el contrario, nos hace fuertes y profundos. Hace operante nuestra alegría.

Contemplatio

He venido a Ti, Jesús, para sentir tu presencia en mis jornadas. Haz que tus ojos reposen en los míos por un tiempo: que lleve a mi trabajo la seguridad de tu amistad. Llena mi mente para que resista en medio del desierto del ruido, haz que tu sol bendito ilumine mis pensamientos y dame la fuerza para sostener a aquellos que necesitan de mí. Amén.

MADRE TERESA DE CALCUTA

LA PECADORA PERDONADA

EL VALOR DE LA ESPERANZA

Un fariseo invitó a Jesús a comer. Entró en casa del fariseo y se reclinó en el sofá para comer. En aquel pueblo había una mujer conocida como una pecadora; al enterarse de que Jesús estaba comiendo en casa del fariseo, la mujer tomó un frasco de perfume, se colocó detrás de él, a sus pies, y se puso a llorar. Sus lágrimas empezaron a regar los pies de Jesús y ella trató de secarlos con su cabello. Luego le besaba los pies y derramaba sobre ellos el perfume.

Al ver esto el fariseo que lo había invitado, se dijo interiormente: «Si este hombre fuera profeta, sabría que la mujer que lo está tocando es una pecadora, conocería a la mujer y lo que vale».

Pero Jesús, tomando la palabra, le dijo: «Simón, tengo algo que decirte». Simón contestó: «Habla, Maestro». Y Jesús le dijo: «Un prestamista tenía dos deudores: uno le debía quinientas monedas y el otro cincuenta. Como no tenían con qué pagarle, les perdonó la deuda a ambos. ¿Cuál de los dos lo querrá más?».

Simón le contestó: «Pienso que aquel a quien le perdonó más». Y Jesús le dijo: «Has juzgado bien». Y volviéndose hacia la mujer, dijo a Simón: «¿Ves a esta mujer? Cuando entré en tu casa, no me ofreciste agua para los pies, mientras que ella me ha lavado los pies con sus lágrimas y me los ha secado con sus cabellos. Tú no me has recibido con un beso, pero ella, desde que entró, no ha dejado de cubrirme los pies de besos. Tú no me ungiste la cabeza con aceite; ella, en cambio, ha derramado perfume sobre mis pies. Por eso te digo que sus pecados, sus numerosos pecados, le quedan perdonados, por el mucho amor que ha manifestado. En cambio aquel al que se le perdona poco, demuestra poco amor».

Jesús dijo después a la mujer: «Tus pecados te quedan perdonados». Y los que estaban con él a la mesa empezaron a pensar: «¿Así que ahora pretende perdonar pecados?». Pero de nuevo Jesús se dirigió a la mujer: «Tu fe te ha salvado, vete en paz» (Lc 7:36-50).

Lágrimas de arrepentimiento

El protagonista y los personajes de esta escena son conocidos: Jesús, Simón el fariseo, la mujer pecadora, los discípulos y los demás comensales.

También nosotros podemos considerarnos parte porque cada vez que nos encontramos frente a una página de la Sagrada Escritura, nos vemos involucrados e interpelados.

Este pasaje del Evangelio puede parecer un poco escandaloso, pero nos trae muchas enseñanzas. La lección será más profunda si tenemos la paciencia y la disponibilidad para hacer nuestros los aspectos más profundos de su mensaje.

Nos acercamos a Jesús con calma y vemos cómo es invitado por Simón el fariseo a cenar en su casa. El gesto de hospitalidad es un gesto de generosidad.

Acoger y lavar los pies son conductas honorables. Una mujer, una pecadora de aquella ciudad, a la que todos conocen, entra en esta casa, que no es la suya, como si nada. Tiene el valor de hacer un gesto nuevo, extraordinario, de exquisito amor.

Lava con sus lágrimas los pies de Jesús y los seca con sus cabellos. Jesús esperaba a esta mujer desde hacía tiempo.

Viendo esto, el fariseo comienza a pensar para sí, de modo crítico, con ojos no transparentes, con ojos que no están buscando la verdad, sino haciendo un juicio negativo sobre la persona. Gracias al Evangelio es posible entrar en los pensamientos de este fariseo: el primer juicio es sobre Jesús. Piensa que Él no es un profeta porque "sabría quién es, y qué tipo de mujer es la que lo toca". Hace dos valoraciones, una sobre la mujer y otra sobre Jesús: Jesús no es profeta y esta mujer es una pecadora.

Sería interesante poder conocer qué pensaron los demás comensales y qué pensamos en general nosotros de esta mujer.

En cambio, Jesús dice: "Simón, tengo una cosa que decirte". Solamente Jesús conoce el pensamiento del fariseo y solamente Él puede decir quién es esta mujer, sin considerarla de forma negativa.

Se podría decir que es una "mujerzuela", pero ¿qué se sabe de esta mujer y lo que ha tenido que sufrir o afrontar en su vida?

Antes de formular un juicio sobre una persona es necesario preguntarse qué se conoce de ella y de su pasado. Y es probable que al final nos descubramos peores que ella.

Jesús acoge a esta mujer sin juzgarla, porque la conoce profundamente y sabe qué cosa necesita verdaderamente. "Ella ha encontrado en Jesús un ojo puro, un corazón capaz de amar sin aprovecharse de los demás. En la mirada y en el corazón de Jesús ella recibe la revelación del Dios-Amor. La misericordia no cambia las características del pecado sino que lo quema en un fuego de amor" Benedicto XVI, Audiencia general, 14 de febrero de 2007).

En esta pecadora se encuentra una mujer que llora, y no por la pérdida de una persona querida: llora lágrimas de alegría, lágrimas liberadoras de arrepentimiento y de conversión que se convierten en una especie de baño bautismal, porque esta mujer antes tuvo una conducta desordenada, inmoral, tanto que muchas personas la han mirado con ojos equivocados, llenos de prejuicios. Ahora es vista como una intrusa, como una descarada que pone en aprieto a los demás.

¿Estoy quizás también yo entre aquellos que con facilidad emiten juicios y reparten sentencias categóricas sobre personas y situaciones… sin mirar más allá de las apariencias?

Habla, maestro…

El fariseo no tiene la valentía de expresar lo que piensa, solo hace conjeturas dentro de sí.

Simón es interpelado así por Jesús: "Tengo algo que decirte". Simón deja entrar en su casa a una mujer de mala vida sin exponerse con palabras fuera de lugar. También con la pregunta de Jesús mantiene una actitud deferente, obsequiosa, cordial, disponible, guardando para sí sus pensamientos.

Dice a Jesús: "Habla, maestro", estoy aquí para escucharte.

Jesús usa un método pedagógico muy personal, le habla con la parábola del prestamista. No confronta sus pensamientos de modo directo, sino que busca hacerle entender el mensaje por medio de los personajes de la parábola: "Un prestamista tenía dos deudores: uno le debía quinientas monedas y el otro cincuenta (…). ¿Cuál de los dos lo querrá más?". Simón responde con lógica y Jesús aprecia su respuesta, pero todavía Simón no ha intuido que está hablando de él y que la parábola está dirigida precisamente a él. Simón no se esconde, se da cuenta de que su vida está dividida entre lo que siente y lo que vive. Los suyos son dos mundos que no se corresponden, dos modos de comunicarse: uno correcto, cordial, hecho de palabras y otro hecho de pensamientos y de juicios. En el fondo, Simón es un hombre que no se compromete, no se expone a acoger la Palabra de Dios, así su modo de razonar no compromete su vida.

> *"Una cosa es saber que Dios existe y otra, conocer a Dios" (Silvano del Monte Athos).*

Una cosa es saber que se habla con Jesús, con las palabras de una oración, y otra es saber que Él lee el corazón y conoce bien lo que la persona está viviendo. El fariseo se contenta con una apariencia educada, con una vida interior superficial, incapaz de unificar su persona. Precisamente porque se considera demasiado cordial, demasiado atento, se permite juzgar.

La parábola del fariseo y el publicano nos hace pensar en lo mismo.

Jesús, con finura, pero con una sutil determinación, comienza a entrar en el corazón de Simón para que descubra que ha juzgado solo por las apariencias. De hecho, solo sabe que es una prostituta y ni siquiera conoce el nombre de esta mujer que está a los pies de Jesús.

Jesús parece querer decirle: "¡Tú eres pura apariencia y juzgas a los demás por las apariencias! Intenta mirar el interior de la persona y leer los gestos que realiza; intenta entender con claridad lo que está detrás del comportamiento de esta mujer y verás que descubrirás otra verdad; es una mujer pecadora pero que está arrepentida".

Esta mujer ya ha cambiado su corazón, se ha alejado de lo que antes amaba desordenadamente y ahora ha experimentado el verdadero amor. "¿Qué has hecho por mí? ¡Ella no me ha dado agua, sino que ha bañado mis pies con sus lágrimas y los ha secado con sus cabellos, los ha besado, no solo me ha dado de más, me ha dado su corazón!".

Aquí inicia la verdadera conversión: "Tú no me has recibido con un beso (signo de hospitalidad y acogida)… pero ella, desde que entró, no ha dejado de cubrirme los pies con sus besos".

Toda su afectividad, su potencial de amor, que antes estaba al servicio del pecado, ahora está redimido y este amor la salva.

¿Tengo la convicción de que en el fondo de todo pecado está siempre el deseo del bien?

¿Estoy dispuesto a dar crédito a este "fondo de bien" y a trabajar para rescatarlo y sacarlo a flote en la vida de los demás cuando me sea posible?

La prostituta, en el uso equivocado de su cuerpo, buscaba la satisfacción de un gran anhelo: ser amada.

Jesús no le echa en cara lo que parece a los ojos de los demás, no la obliga a un cambio total. A través de su pecado le hace entender la raíz del mal y, además, encuentra la forma de liberarla del pecado: "Por eso te digo que sus pecados, sus numerosos pecados, le quedan perdonados, por el mucho amor que ha manifestado".

Quien ama poco

A quienes se les perdona poco, aman poco; este perdón no es solo el perdón que Dios da, también es un perdón que debe ser pedido.

Simón el fariseo es un hombre que ama poco, incapaz de darse cuenta de que su gran pecado es la insensibilidad.

Un hombre capaz de amar, aunque se equivoque en la elección del objeto que ama, siempre tiene la posibilidad de convertirse, puede siempre orientar su corazón al verdadero bien. Por el contrario, un hombre que no sabe amar, tiene un corazón insensible y no se preocupará jamás de los demás, no se sentirá en deuda con nadie.

Es mejor tener un corazón inclinado a equivocarse que un corazón frío, incapaz de amar.

Alguno, quizá, no falla jamás porque no está en condiciones de hacerlo. Simón el fariseo —este es el problema de los fariseos— no es una mala persona, es fiel cumplidor de su deber y de la ley, pero se siente demasiado seguro, se siente una persona sólida como roca, demasiado firme.

Cuando uno se da cuenta de haber cometido un grave error y tiene el valor de deshacerse de la pesada corteza creada a su rededor, es entonces cuando inicia el camino de la conversión.

A veces, para entrar en nosotros, el Señor utiliza las grietas, las fisuras que provocamos con nuestros errores, ofreciéndonos así la única vía para llegar a lo profundo de nuestros corazones.

Simón se coloca en una situación de superioridad en relación con Jesús y se muestra un poco molesto por no recibir agradecimiento por haberlo invitado a su casa, mientras ese "tipo" de mujer parece haber hecho todo.

En este pasaje del Evangelio hay dos territorios qué explorar: el corazón del fariseo y el corazón de la mujer.

El corazón del fariseo es estrecho, angosto, insensible, vacío.

El corazón de la mujer, por el contrario, está lleno de sentimientos profundos y sinceros, lleno de gratitud, de dolor y, al mismo tiempo, de alegría.

Es mejor ser sensibles con el peligro de equivocarse que presentarse impecables con el corazón de piedra.

Con las manos vacías

La pecadora perdonada es símbolo de la esperanza, símbolo de quien no se permite decir: "No tengo remedio, por eso no mejoro".

Es una criatura arrepentida que se ha dejado tocar el corazón por la gracia y ha recuperado su capacidad de amar a Dios, al prójimo y a sí misma.

En su anhelo más profundo es una mujer capaz del amor, de un amor purificado.

Simón, el fariseo, por el contrario, no ha tenido la capacidad de amar ni antes ni ahora.

Esta verdad la encontramos también en la parábola del hijo pródigo: el hermano mayor no sale de casa porque es incapaz de transgredir la más mínima regla, pues, de hecho, ni sabría tampoco a dónde huir, e incluso, desde hace tiempo se encuentra lejos de la casa paterna.

Este hijo se convierte en una persona mezquina porque echa en cara a su padre que no le haya dado ni siquiera un cabrito para hacer una fiesta con sus amigos. A causa de los celos no es capaz de compartir la alegría del padre por el retorno de su hermano.

Es mezquino y mediocre… Mientras el joven, que se ha ido y ha gastado todo, recapacita y vuelve sobre sus pasos, arrepentido. Así, esta mujer vuelve a su casa perdonada, envuelta en un futuro de esperanza que se le abre delante. No sabemos cómo se haya comportado el fariseo después de la invitación de Jesús. Quizá se encerró más en sus defensas y en su orgullosa presunción.

La esperanza es la capacidad de creer que, incluso dentro del pecado, el Señor abre nuestra existencia a la perspectiva de una nueva vida. Poniéndonos a los pies de Jesús, reconociendo nuestro propio pecado, sabiendo que todos hemos sido rescatados por el Señor y escogidos por Él, mientras caminábamos por sendas equivocadas, obtenemos la salvación.

Paradójicamente es mejor andar por un camino equivocado que viajar veloces con la ilusoria certeza de ir por un camino que se cree correcto.

El Señor nos pide abrir los ojos y no tener miedo a la fragilidad, a la pobreza y a mantener esta actitud ante Él.

Santa Teresita de Lisieux, en su ofrecimiento al amor misericordioso de Dios, con una intuición simple y profunda escribía: "Al atardecer de esta vida, compareceré delante de Ti con mis manos vacías, porque no te pido, Señor, que cuentes mis obras".

Es verdad que cuesta tener las manos vacías. Disfrutaríamos presentarnos ante el Señor con las manos llenas de cosas realizadas por nosotros.

> *"Veo también que respecto a la vida presente es vano tener esperanzas; respecto a ella se tienen deberes y expectativas funcionales y momentáneas; las esperanzas son para el más allá" (Pablo VI, Meditación sobre la muerte).*

La pecadora perdonada nos ayuda a creer en la virtud de la esperanza, una virtud poco apreciada en nuestros días.

Y sin embargo hay una gran necesidad de esperanza. La esperanza no nace de nosotros, es un don, es el Señor.

Nos da paz sentirnos, día tras día, personas amadas por el Señor, seguros de que todo lo recibimos de ese amor, desde el aire que respiramos, el pan que comemos, hasta el perdón que recibimos. Todo es don de Dios, también la conversión del corazón.

¿Me ejercito en cultivar activamente, concretamente, las semillas de esperanza que el Espíritu ha puesto en mí? ¿Hago gestos concretos de confianza en Él, me pongo en sus manos, en medio de mis situaciones concretas de pobreza?

Contemplatio

Señor Jesús, soy pobre como lo eres Tú,
soy débil como lo eres Tú,
soy hombre como lo eres Tú.
¡Toda mi grandeza proviene de tu pequeñez,
toda mi fuerza de tu debilidad,
toda mi sabiduría de tu locura!
Correré hacia Ti,
Señor, que sanas a los enfermos, fortaleces a los débiles,
devuelves la alegría a los corazones sumidos en la tristeza.
Yo te seguiré, Señor Jesús.
Amén.

Aelredo de Rielvaux

MARÍA DE BETANIA

EL MILAGRO DEL AMOR

Seis días antes de la Pascua fue Jesús a Betania, donde estaba Lázaro, a quien Jesús había resucitado de entre los muertos. Allí lo invitaron a una cena. Marta servía y Lázaro estaba entre los invitados. María, pues, tomó una libra de un perfume muy caro, hecho de nardo puro, le ungió los pies a Jesús y luego se los secó con sus cabellos, mientras la casa se llenaba del olor del perfume. Judas Iscariote, el discípulo que iba a entregar a Jesús, dijo: "Ese perfume se podría haber vendido en trescientos denarios para ayudar a los pobres". En realidad no le importaban los pobres, sino que era un ladrón y, como estaba encargado de la bolsa común, se llevaba lo que echaban en ella.

> *Pero Jesús dijo: "Déjala, pues lo tenía reservado para el día de mi entierro. A los pobres los tienen siempre con ustedes, pero a mí no me tendrán siempre" (Jn 12:1-8).*

Solo con los amigos

Es un deber acercarse a este pasaje evangélico con un poco de pudor porque estamos ante una escena de intimidad. Es necesario permanecer casi en el umbral de la casa, con una disponibilidad sincera del corazón, más atentos a contemplar que a comprender, porque el amor no se trata tanto de entender sino de vivir.

Este pasaje, que precede al de la Pasión de Jesús, nos introduce en el contexto de una cena en Betania. Aquí se encuentra Marta, una persona atenta y muy activa. Se encuentra Lázaro, un personaje muy significativo porque ha resucitado hace poco y, por ello, llama la atención de muchos curiosos de entre los comensales. Jesús está sentado a la mesa. Está íntimamente solo. Faltan solo seis días para la Pascua.

Jesús experimenta la soledad, aunque se encuentra en la casa de sus amistades a donde le gusta retirarse para descansar y sentirse acogido. Experimenta el cansancio de todo hombre. Sabe que sus enemigos traman en su contra porque lo consideran un personaje incómodo que los fastidia. Muchos no lo comprenden porque no son capaces de entrever lo que está viviendo en su corazón.

Están a la mesa. No parece un día como los demás, se respira un aire de fiesta. Pero Jesús está viviendo una situación de soledad de la forma más dolorosa. Sufre en silencio y sin ser comprendido. Esta es la soledad más grande: no lograr ponerse en sintonía con nadie, no por mala voluntad, sino porque no tiene caso decir algo que el otro no puede comprender.

El hecho de estar en medio de una fiesta hace la soledad todavía más intensa. En estos momentos se espera una palabra de aliento, pero ninguno es capaz de ofrecer ese regalo. Es muy probable que el otro ni siquiera imagine el tormento que se encierra en el corazón del amigo.

Puede suceder que, tras una actitud de seguridad, se escondan grandes dramas que pueden aflorar de manera imprevista, dejando a quienes están en el exterior profundamente conmovidos.

Jesús vive su soledad sin miedo a revelar su necesidad de compañía de los demás. De hecho, en el Huerto de los Olivos les pide: "Permanezcan velando conmigo".

La grandeza de Jesús no está en esconder su sufrimiento, sino en pedir a sus discípulos que permanezcan en su compañía. Esta es una pedagogía que nos enseña la manera de vivir ciertas situaciones. Se podrían correr dos riesgos: buscar compasión en los demás continuamente o encerrarse en sí mismo.

Jesús en el Huerto de los Olivos se aleja un tiro de piedra de sus amigos para vivir solo su soledad, pero al mismo tiempo es capaz de pedir que lo acompañen. Es el equilibrio de quien no se encierra en sí mismo y, al mismo tiempo, es capaz de mantener la distancia y pedir ayuda a la hora justa y de la manera justa.

¿Soy capaz de sobrellevar de forma madura y consciente mi soledad?

¿O quizá caigo en el peligro de dejarme devorar por ella, o abandonarme a una exagerada búsqueda de consuelos?

El amor no muere

Volviendo a los personajes, el más importante es el de María. Aquí es necesario reconocer la delicadeza femenina, porque solo una mujer podría descubrir la soledad de Jesús, una mujer que tiene la capacidad de intuir aquello que realmente necesitan los demás.

Solo la caridad y el amor la ponen en esta situación intuitiva. También Marta ama al Señor, pero María intuyó que, más allá del festejo, de la comida, Jesús tiene necesidad de algo muy diferente, intuye que Jesús sufre una profunda tristeza.

Con el gesto del aceite derramado sobre los pies de Jesús, María sacude a todos los presentes, corta el ambiente de fiesta.

Es costumbre lavar los pies a los huéspedes, pero derramar aceite perfumado sobre los pies de Jesús parece un gesto exagerado y casi descabellado. Por otra parte, se sabe que el amor es también locura. Es un gesto de locura por el derroche, pero más loco por la audacia demostrada por María, ya que su gesto podría ser interpretado con ambigüedad.

María es una persona libre, capaz de amar. De hecho, si una persona no es libre interiormente, no es capaz de amar.

El perfume vertido es el signo de un derroche, de una pérdida, de un gesto sin ganancia. El perfume es lo más valioso que posee esta mujer, pero lo gasta por puro amor, por pura donación, no para los hombres, sino para Dios.

Este gesto, para quien no es contemplativo, es un gesto fuera de lugar, inútil y sin sentido. María derrama un perfume costoso, de nardo puro. Es toda la riqueza que posee y la regala desinteresadamente a su Señor.

Este frasco lleno de perfume es el valor de un alma que se entrega sin hacer cálculos.

¿Soy capaz, he sido alguna vez capaz de gestos de gratitud y de amor hacia el Señor?

¿De estos gestos un poco imprudentes que reflejan la profundidad del intenso deseo de entregarme a Él?

Esta mujer es grande porque ha dado todo y lo ha dado de una manera delicada. Cuando se da todo, aunque sea poco, y se da con generosidad y sin demasiados cálculos, no se pierde nada, solo se gana; no es más una muerte, sino una vida, porque se hace con amor. El amor, por tanto, es una entrega, un darse todo, una entrega de sí mismo, un morir…

"Una sola cosa es necesaria" (Lc 10:42) escuchó decir María. Ella da lo que tiene, todo lo precioso que posee. La figura de María que escucha la Palabra de Dios sentada a los pies de Jesús y la figura de María sentada en casa en espera de que otros vengan a consolarla por la muerte de su hermano Lázaro, es la misma María capaz de darlo todo por la escucha, el dolor y el amor.

Su perfume es, de hecho, como el amor; se difunde, se vuelve apostólico, une a todos, se mueve, se propaga y se recordará por siempre; continuará por siglos, porque el amor, cuando es auténtico se mueve, no se pierde, está fuera del tiempo, vive por los siglos. El amor no muere aunque la persona que realizó el gesto ya no esté.

Los prodigios del perfume

El aroma de este perfume es símbolo de fiesta. Une a todos aquellos que están en la casa, a aquellos que podrían entrar o no entrar, a aquellos que son esperados y no llegan. Es un perfume que penetra en todas partes, en la ropa, en el ambiente y los une a todos, igual que el amor cristiano. Es necesario que así sea el encuentro con el Señor para que el amor adquiera su plenitud, se vuelva comunicable.

Hoy, las personas tienen hambre y sed de ternura, pero de la que proviene de un corazón desinteresado, de un corazón rico de amor.

¿De qué tiene necesidad quien está desesperado, quien vive sin amistades, aquel que siente el peso de la opresión de la culpa? Ciertamente tiene necesidad de la ternura, de la delicadeza, de la finura del corazón, de la cercanía y de pequeños gestos llenos de atención que llegan a la persona, dulces y suaves como el perfume.

Hay necesidad de esta delicadeza, atraída por el perfume del amor que se ha difundido en la casa envolviendo a todas las personas. Este perfume ha debido frenar su avance ante el corazón egoísta y calculador de Judas. Un corazón que será todavía más egoísta en el cenáculo, cuando salga azotando las puertas, develando finalmente aquello que es: un traidor.

Judas expresa la típica pregunta demagógica que no tiene nada que ver con los pobres porque, cuando en nombre de los pobres se pisotea la caridad, se ofende y no se sirve a la verdad.

"Ese perfume se podría haber vendido en trescientos denarios para ayudar a los pobres": el perfume no se puede vender, solo se puede ofrecer.

Al Judas, cegado, le falta el amor. El gesto de esta mujer lo molesta, no porque sea un derroche, sino por la intensidad del amor que hay en ella.

Cada gesto de amor lo malesta, lo irrita, lo vuelve agresivo. Es un hombre inquieto, avaro, esclavo y ladrón; no le importan los pobres, posee la bolsa y toma de lo que los demás echan dentro. Esta mujer, por el contrario, da gratuitamente su perfume para manifestar su amor.

¿Me sucede, quizá, que me irrita el amor?

La ausencia de Jesús

Judas usa a los pobres para cubrir su molestia.

Jesús usa con desenvoltura esta bella expresión: "Déjala (…) A los pobres los tienen siempre con ustedes, pero a mí no me tendrán siempre". Ciertamente los pobres no nos faltarán jamás, recordando, antes que nada, que a los primeros pobres que hay que mirar somos nosotros mismos.

El problema es que "¡no siempre me tienen!": hagamos la experiencia espiritual de la ausencia de Dios. Sabemos que hay estaciones donde el Señor se hace encontrar y en otras donde vivimos la desolación del cansancio de la fe y donde la esperanza parece muy lejana.

¿Qué cosa ha hecho grandes a los místicos de la Iglesia: san Juan de la Cruz, santa Teresa de Ávila, santa Teresa de Lisieux, la beata Madre Teresa de Calcuta? ¿Qué ha sostenido la fe de estos santos? El hecho de no poder sentir ni ver ni tocar a Dios, pero quererlo amar con audacia, dando testimonio de que el verdadero amor es gratuito, que busca solamente a Dios y no los beneficios que vienen de Él.

En el silencio podemos entrar en la contemplación para escuchar la música de este amor, para gustar su perfume.

El amor que gustamos podrá cargar con la cruz, el gran signo del amor. Solo el empeño por caminar en el amor nos purifica, nos vuelve criaturas que dan testimonio de la caridad.

Nuestro camino en la caridad debe volverse visible porque la alegría, el gozo y el júbilo tienen sus raíces en el amor.

El Señor en el Bautismo nos ha entregado, como ha dicho el Papa Benedicto XVI, citando a san Gregorio Magno, "el vestido de la luz", el vestido del amor. "Una persona sin amor, está oscura por dentro. Las tinieblas externas, de las que nos habla el Evangelio, son reflejo de la ceguera interna del corazón" (Benedicto XVI, Homilía de la Misa Crismal 2007).

Contemplatio

Si elevo a Ti, Dios mío, mi grito de amor, no lo hago por el Cielo que me tienes prometido; ni me alejo de la traición por temor al infierno. Mas yo te amo, Dios mío, contemplándote así, clavado a la cruz enrojecida por tu sangre. Amo tus llagas y tu muerte, amo tu amor.

Apéndice 1

LA MAGDALENA ARREPENTIDA

La Magdalena arrepentida (1594-1595) de Michelangelo Merisi, conocido como Caravaggio, Roma, Galería Doria Pamphili.

Mirada de contemplación

En el Evangelio de san Juan (Jn 20:11-18), María Magdalena estaba convencida de hablar con el jardinero, pero cuando este la llama por su nombre: "¡María!", ella "se giró" y descubrió que era Jesús.

María reconoce su voz y su presencia.

En esto se evidencia la importancia de llegar al encuentro personal con el Señor: la fe.

Es creer en la Palabra que se vuelve experiencia personal de Aquel que habla.

El Evangelio de Juan inicia proclamando la identidad entre Jesús y sus palabras. Él es la Palabra misma, el Hijo que revela al Padre, que se vuelve a nosotros para comunicarse a sí mismo. Diciendo su nombre, trae a la luz lo que estaba sepultado en el corazón.

El amor es principio de fe y de conocimiento: se cree y se conoce aquello que se ama.

La experiencia de la conversión de María Magdalena es representada con espontaneidad y fascinación por un conocido pintor, Caravaggio.

Su verdadero nombre es Michelangelo Merisi, nacido en torno al 1571 en Milán.

De temperamento fogoso e irascible, pinta obras maestras que son rechazadas por muchos críticos porque se salen de los cánones convencionales.

En muchos de sus cuadros religiosos, encontramos un profundo anhelo de luz y de paz.

Como si se cayeran de los ojos las escamas de ceguera (ver Saulo en Hch 9:18): la "conversión", que nace de la escucha de la Palabra de Jesús Resucitado, le devuelve la visión de la fe.

Caravaggio ha realizado, entre otras obras, una pintura de la "Magdalena arrepentida" (1594-1595) que actualmente se encuentra en Roma, en la galería Doria Pamphili.

La tela representa a una jovencita sentada en una habitación sobre una silla pequeña mientras se seca los largos cabellos. Aparecen tirados por tierra un frasco de perfume, collares y gemas como símbolo de renuncia.

Posa con la cabeza inclinada. La mejilla, el cuello, el pecho, el cándido color de la camisa, el vestido amarillo recogido hasta las rodillas y la falda blanca de damasco florido acompañan la simplicidad y la dulzura de toda la figura.

Pocos y sencillos elementos caracterizan la hogareña intimidad de la pintura.

Su arrepentimiento es muy expresivo. El llanto de dolor por su vida pasada está cargado de esperanza. María Magdalena aquí es presentada cuando la gracia ya ha tocado su corazón. Tocada por la gracia (simbolizada por la luz que proviene de la izquierda), María se despoja finalmente de su vida pasada. Rechaza el amor que no tiene el poder de llenar el vacío del corazón. Lo que fascina es la posición de los brazos que parecen acoger y acariciar una nueva criatura que está por nacer y al mismo tiempo ya ha nacido: una nueva vida, bella, luminosa y pura.

Toda la pintura tiende a aludir al amor con el que el Señor la ha llenado y que también le permite irse en paz.

Ser simplemente uno mismo

Para esto está lista. Ya se despojó de los aretes, del collar de perlas, de los ornamentos. El perfume ya no es necesario. Los cabellos tampoco están arreglados con cuidado: están sueltos y cubren la espalda. Finalmente María puede ser simplemente ella misma ante los demás, ante sí misma y, sobre todo, ante Dios. Del llanto arrepentido y de la conversión nacerá una nueva María, simple y auténtica como la luz que la rescata de las tinieblas de la oscura habitación (y de su vida pasada); y tierna y fuerte como la voz del Maestro que la ha llamado a la vida de gracia.

Es esta la historia de todas las conversiones: quien vive narcisísticamente replegado en la búsqueda de sí mismo y del propio éxito, no puede resistirse. Cuando es tocado por la Gracia, deja de buscar afanosamente la propia realización para descansar, finalmente, desnudo y sincero, en la mirada de Dios. La condición es que se escuche la voz del Resucitado que pronuncia con amor el propio nombre…

Apéndice 2

LAS MUJERES AL SERVICIO DEL EVANGELIO[2]

Dedicamos nuestra atención a muchas figuras femeninas que han jugado un papel efectivo y valioso en la difusión del Evangelio. Su testimonio no puede ser olvidado, según Jesús mismo dijo de la mujer que le ungió la cabeza poco antes de la Pasión: "En verdad les digo: dondequiera que se proclame el Evangelio, en todo el mundo, se contará también su gesto, y será su gloria" (Mt 26:13; Mc 14:9). El Señor quiere que estos testimonios del Evangelio, estas figuras que han contribuido al aumento de la fe en Él, sean reconocidos y su memoria siga viva en la Iglesia. Históricamente podemos distinguir el papel de las mujeres en el cristianismo primitivo, durante la vida terrena de Jesús y durante los acontecimientos de la primera generación cristiana.

Jesús, lo sabemos, escogió entre sus discípulos a doce hombres como padres del nuevo Israel, los escogió "para que estuvieran con Él y para enviarlos a predicar" (Mc 3:14-15). Este hecho es evidente, pero, además de los doce, Columnas de la Iglesia, Padres del Nuevo Pueblo de Dios, había muchas mujeres entre el número de los discípulos. Solo muy brevemente puedo mencionar a aquellas que se encuentran por el camino de Jesús mismo, comenzando con

2 Benedicto XVI, Audiencia general, 14 de febrero de 2007.

la profetiza Ana (cf. Lc 2:36-38) hasta la Samaritana (cf. Jn 4:1-39), la mujer siro-fenicia (cf. Mc 7:24-30), la hemorroísa (ver Mt 9:20-22) y la pecadora perdonada (cf. Lc 7:36-50). Sin nombrar a las protagonistas de algunas eficaces parábolas, por ejemplo, la que amasa el pan (Mt 13:33), la mujer que pierde el dracma (Lc 15:8-10), la viuda que importuna al juez (Lc 18:1-8). Más significativas para nuestro tema son aquellas mujeres que han desempeñado un papel activo en el marco de la misión de Jesús. En primer lugar, el pensamiento va naturalmente a la Virgen María que, con su fe y su función maternal, colaboró de modo único a nuestra Redención, tanto que Isabel pudo proclamarla "Bendita entre las mujeres" (Lc 1:42), agregando: "Bienaventurada tú que has creído" (Lc 1:45). Convertida en discípulo del Hijo, María manifestó en Caná una fe total en Él (ver Jn 2:5) y lo siguió hasta el pie de la Cruz, donde recibió de Él una misión maternal para con todos sus discípulos de todos los tiempos, representados por Juan (ver Jn 19:25-27).

Están también otras mujeres que, de diferentes maneras, se movieron alrededor de la figura de Jesús con funciones de responsabilidad. Ejemplo elocuente son las mujeres que seguían a Jesús para asistirlo con sus bienes y cuyos nombres Lucas nos trasmite: María Magdalena, Juana, Susana y "muchas otras" (ver Lc 8:2-3). Más adelante, los Evangelios nos informan que las mujeres, a diferencia de los doce, no abandonaron a Jesús en la hora de la Pasión (ver Mt 27:56.61; Mc 15:40). Entre ellas destaca en particular María Magdalena, que no solo presenció la Pasión, sino que fue también el primer testigo y pregonera del Resucitado (ver Jn 20:1.11-18). Precisamente a María Magdalena santo Tomás de Aquino le reserva el singular título de "apóstol de los apóstoles" (apostolorum apostola), dedicándole este bello comentario: "Como una mujer había anunciado al primer hombre palabras de muerte, así una mujer fue la primera en anunciar a los apóstoles palabras de vida" (Super Ioannem, edición Cai, 2519).

También en el ámbito de la Iglesia primitiva, la presencia femenina no es secundaria. No insistiremos sobre las llamadas cuatro hijas del "diácono" Felipe, habitante de Cesarea Marítima, todas ellas dotadas, como dice san Lucas, del "don de profecía", es decir, de la facultad de intervenir públicamente bajo la acción del Espíritu Santo (ver Hch 21:9). La brevedad del comentario no nos permite hacer deducciones más precisas. Más bien debemos a san Pablo una más amplia documentación sobre la dignidad y el papel eclesial de la mujer. Él parte del principio fundamental de que, para los bautizados, no solo "Ya no hay diferencia entre judío y griego, entre esclavo y hombre libre; no se hace diferencia entre hombre y mujer, pues todos ustedes son uno solo en Cristo Jesús" (Gal 3:28), es decir, todos aunados en la misma dignidad de fondo, aunque cada uno con sus funciones específicas (ver 1 Cor 12:27-30). El apóstol admite como cosa normal que en la comunidad cristiana la mujer pueda "profetizar" (1 Cor 11:5), es decir, pronunciarse abiertamente bajo el influjo del Espíritu Santo, a condición de que sea para edificación de la comunidad y hecho de forma digna. Por tanto, la sucesiva, y bien conocida, exhortación a que "las mujeres se callen en las asambleas" (1 Cor 14:34) queda relativizada. El consiguiente problema, muy discutido, de la relación entre la primera frase —las mujeres pueden profetizar en la asamblea— y la otra —que callen—, aparentemente contradictorias, lo dejamos a los exegetas. No es para discutirse aquí. Podemos también recordar la figura de Prisca o Priscila, esposa de Aquila, que en dos casos es sorprendentemente mencionada antes que el marido (ver Hch

18:18; Rom 16:3): ambos son explícitamente calificados por Pablo como sus sun-ergoús "colaboradores" (Rom 16:3).

Otros detalles no pueden ser olvidados. Es necesario mencionar, por ejemplo, que la breve Carta a Filemón en realidad está dirigida por san Pablo también a una mujer de nombre "Apia" (ver Flm 2). Traducciones latinas y sirias del texto griego agregan a ese nombre "Apia" el sobrenombre de "hermana queridísima" y se debe decir que en la comunidad de Colosos ella debía ocupar un puesto de importancia; en todo caso, es la única mujer mencionada por Pablo entre los destinatarios de su carta. Además de esto, el apóstol menciona a cierta "Febe", calificada como diákonos de la Iglesia de Cencreas, la ciudad portuaria al este de Corinto (ver Rom 16:1-2). Aunque el título en aquel tiempo no haya tenido un específico valor ministerial de tipo jerárquico, expresa un verdadero y propio ejercicio de responsabilidad de parte de esta mujer en favor de aquella comunidad cristiana. Pablo recomienda recibirla cordialmente y asistirla "en todo lo que necesite". Después añade: "Pues muchos están en deuda con ella, y yo también". En el mismo contexto epistolar, el apóstol, de forma delicada, recuerda otros nombres de mujeres: cierta María, después a Trifena, Trifosa y Perside "queridísima", además a Julia, de las que escribe abiertamente que "se han fatigado por ustedes" o "han trabajado por el Señor" (Rom 16:6.12ª.12b.15), subrayando así su fuerte empeño eclesial. Después, en la Iglesia de Filipos deben distinguirse dos mujeres, "Evodia y Síntique" (Flp 4:2): el reclamo que Pablo hace a la concordia mutua deja entrever que las dos mujeres desempeñaban una función importante dentro de la comunidad.

En buena parte, la historia del cristianismo habría tenido un desarrollo muy diverso si no hubiera existido la generosa aportación de muchas mujeres. Por esto, como escribió mi venerado predecesor Juan Pablo II en la carta apostólica Mulieris Dignitatem, "La Iglesia, por consiguiente, da gracias por todas las mujeres y por cada una (...). La Iglesia expresa su agradecimiento por todas las manifestaciones del «genio» femenino aparecidas a lo largo de la historia, en medio de los pueblos y de las naciones; da gracias por todos los carismas que el Espíritu Santo otorga a las mujeres en la historia del Pueblo de Dios, por todas las victorias que debe a su fe, esperanza y caridad; manifiesta su gratitud por todos los frutos de santidad femenina" (31). Como se puede ver, el elogio se refiere a las mujeres durante el curso de la historia de la Iglesia y se expresa en nombre de toda la comunidad eclesial. También nosotros nos unimos a esta valoración, agradeciendo al Señor porque Él conduce a su Iglesia, generación tras generación, valiéndose indistintamente de hombres y mujeres que saben poner a dar frutos a su fe y a su bautismo por el bien de todo el Cuerpo Eclesial, para mayor gloria de Dios.